Conrad K. Butler

DAS WELT AUTO FÜR KINDER

Alfa Romeo

Alfa Romeo ist eine renommierte italienische Marke, die Sportwagen herstellt. Das Unternehmen wurde 1906 von Alexandre Darracq in Portello bei Mailand gegründet, wo sich heute der Firmensitz befindet. Im Laufe seiner Geschichte hat es unter anderem Trolleybusse und Geländewagen produziert, aber es waren die Sportmodelle, die die Marke sehr berühmt gemacht haben. Besonders die mit dem QV-Symbol (Quadrifoglio Verde – grünes vierblättriges Kleeblatt) gekennzeichneten Modelle sorgen dafür, dass das Herz höher schlägt. Alfa Romeo war die erste Marke, die unter anderem die Direkteinspritzung von Common-Rail-Kraftstoff (1997), variable Ventilsteuerung (1980), einen Ottomotor mit zwei Zündkerzen pro Zylinder (1914) und ein 6-Gang-Getriebe einsetzte in einem Serienmodell (1967).

Aston Martin

Aston Martin ist ein britischer Hersteller von Sport- und Luxusautos. Das Unternehmen wurde 1914 von Lionel Martin und Robert Bamford in Gaydon gegründet. Diese Autos zeichnen sich durch eine elegante Linie, eine reichhaltige Ausstattung und die Liebe zum kleinsten Detail aus. Die Einzigartigkeit wird durch die Tatsache hinzugefügt, dass alle Autos der britischen Marke von Hand zusammengebaut werden. Die meisten von uns kennen diese exklusiven Autos aus Filmen über die Abenteuer des britischen Geheimagenten James Bond. Nicht ohne Grund, denn verschiedene Modelle von Aston Martin „erscheinen" in 10 Teilen!

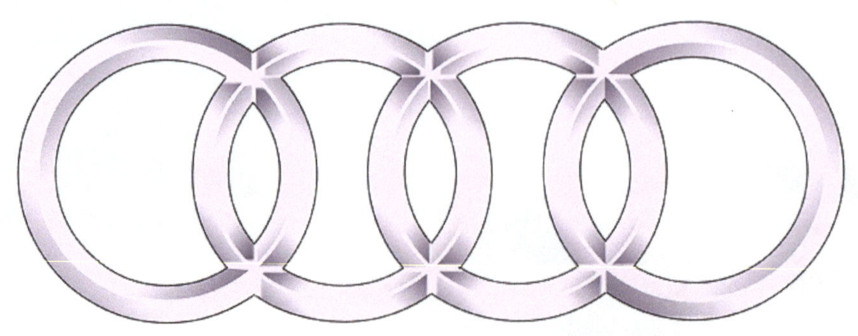

Audi beginnt seine Geschichte zu Beginn des 20. Jahrhunderts, als August Horch 1910 nach zahlreichen Komplikationen sein Unternehmen gründete. Die Vier Ringe sind ein Symbol für den Zusammenschluss von 4 Marken im Jahr 1932: Audi, Horch, Wanderer und DKW. Das bekannte Motto der Marke „Vorsprung durch Technik" tauchte erstmals 1971 auf. Auf Schritt und Tritt versuchten deutsche Ingenieure uns von der Richtigkeit dieses Spruches zu überzeugen. Im März 1980 präsentierte Audi in Genf den weltweit ersten Personenwagen mit Allradantrieb – das Modell Quattro. 1985 war Audi nach Porsche der zweite Automobilhersteller weltweit, der vollverzinkte Karosserien herstellte.

Bentley

Bentley ist ein in Großbritannien ansässiger Hersteller von Luxussportwagen mit Sitz in Cheshire, Crewe. Sein Gründer im Jahr 1919 war Walter Owen Bentley, der davon träumte, einen Rennwagen zu bauen, der in seiner Klasse unschlagbar sein würde. Er präsentierte 1921 sein erstes Auto, den Bentley 3 Liter, aber es dauerte 3 Jahre, bis sein Erfolg sichtbar wurde, als er das Rennen von Le Mans gewann. 1931 wurde die Marke von Rolls-Royce gekauft. Nachkriegsmodelle waren bis auf wenige Fälle bis in die 1990er Jahre nur Sportversionen des Rolls-Royce.

DK06 OXT
DK71 RJZ

BMW

BMW ist heute eine der beliebtesten Automarken. Deutsche Ingenieure haben jedoch nicht von Anfang an Autos konstruiert. Das Werk wurde 1913 von Gustav Otto und Karl Rapp gegründet und befasste sich zunächst mit der Produktion von Flugzeugen und Motorrädern. Damals entstand das BMW Firmenlogo, das einen stilisierten Kreis des Propellers in den Farben Bayerns zeigt. Erst 1929 baute BMW sein erstes Serienauto – den BMW 3/15. Seine größte Entwicklung verdankt das Unternehmen Eberhard von Kuenheim. Er machte BMW nicht nur in Europa, sondern auf der ganzen Welt wichtig. Dank der Veröffentlichung von Modellen wie dem 3.0 CSL, M1 oder M3 E30 durch die BMW Motorsportabteilung ist unser Puls mehr als einmal gestiegen.

M NN 2002
CFM 37257

Bugatti

Bugatti ist ein französischer Hersteller exklusiver Sport- und Rennwagen. Der Gründer der Marke im Jahr 1909 war Ettore Bugatti. Seine Autos gewannen fast alle großen Rennen vor dem Zweiten Weltkrieg. Als es explodierte, musste Ettore leider die Produktion einstellen und starb 1947. Um die italienische Marke zu reaktivieren, gründete Romano Artioli 1987 die Bugatti Automobili SpA in Campogalliano. Nicht umsonst ist das bekannteste Modell heute der Veyron. Die Supersport-Version hält den Titel des schnellsten Serienautos.

Buick

Amerikanische Marke, die Luxus-Personenwagen herstellt.
Es wurde 1903 von Designer und Erfinder David Dunbar Buick
in Detroit gegründet, wo sich noch heute der Hauptsitz des
Unternehmens befindet, und ist eines der ältesten noch aktiven
amerikanischen Automobilunternehmen. Einer der ersten Inhaber
der Marke war unter anderem William C. Durant der Schöpfer
des heute großen Konzerns General Motors, zu dem Buick gehört.
Im Angebot von GM ist er höher positioniert als Opel, aber
niedriger als das Flaggschiff Cadillac. Die drei Schilde im Logo
der Marke verweisen auf das Wappen der Adelsfamilie des
Firmengründers.

Cadillac

Amerikanischer Hersteller von Luxus-Personenwagen.
Das Unternehmen wurde 1902 von Henry Leland in Detroit
gegründet. Von Anfang an legte die Marke großen Wert auf die
Qualität der Produktion, was für sie sehr profitabel war, da sie bis
heute mit höchster Qualität und Luxus assoziiert wird. Ihre Autos
wurden von Sängern, Schauspielern und vor allem US-Präsidenten
gefahren. Amerikanische Konstrukteure zeigten fast auf Schritt
und Tritt ihre Innovationskraft und installierten ihre Modelle
unter anderem zum ersten Mal. elektrische Beleuchtung,
Elektrostarter, V8-Motor, Klimaanlage und vom Armaturenbrett
aus einschaltbare Scheinwerfer.

Chevrolet

Chevrolet ist eine amerikanische Automarke, die zum Konzern General Motors gehört. Es wurde von den Schweizer Rennfahrern und Mechanikern Louis Chevrolet und William Durant gegründet. Es gibt viele Versionen des Firmenlogos, aber die wahrscheinlichste ist, als Durant sich von einem Tapetendesign in einem französischen Hotel inspirieren ließ, in dem er 1908 während einer Reise übernachtete, und ein Stück davon abriss, um es Freunden zu zeigen, weil er dachte, dass es so wäre ein gutes Markenzeichen für eine Automarke sein.

Chrysler

Eine der beliebtesten Automarken in den USA. Es wurde 1925 von Walter Chrysler in Auburn Hills gegründet. Chrysler hat mehrere Erfolge bei der Innovation des Automobilmarktes erzielt. 1951 wurde ein Prototyp des V8-Hemi-Motors entwickelt, und Chrysler war viele Jahre sehr erfolgreich - 1987 erwarb es die American Motor Corporation und fusionierte 1998 mit Daimler-Benz. Neben Personenwagen produzierte der Konzern SUVs, Sportwagen, Pick-ups und Vans.

Citroen

Die französische Marke für Personenwagen, Lieferwagen und Lastwagen wurde 1919 von Ingenieur Andre Citroën gegründet. Citroën-Modelle zeichnen sich seit jeher durch ihr originelles, kosmisches Aussehen, ungewöhnliches Interieur und interessante technologische Lösungen aus. Viele von ihnen gewannen den Titel Auto des Jahres, inkl. GS (1971), CX (1975) oder XM (1990).

Dacia

Dacia ist ein rumänischer Hersteller von Pkw und Transportern. Das Unternehmen wurde 1966 (obwohl seine Ursprünge bis ins Jahr 1943 zurückreichen) in Pitesti gegründet, und sein Name kommt von „Dacia", dem Namen des von den Vorfahren der Rumänen bewohnten Landes. 1999 wurde die Zusammenarbeit mit Renault erneuert, das die Mehrheit der Anteile der rumänischen Marke kaufte. Das Jahr des Durchbruchs für das Unternehmen war 2004, als sie das Logan-Modell auf den Markt brachten. Es brach alle Rekorde in Bezug auf das Produktionsvolumen von Dacia. Seitdem erlebt die rumänische Marke ein Revival und findet mit zahlreichen Modellen viele Kunden auf der ganzen Welt.

Dodge

Amerikanische Marke, die Personenkraftwagen herstellt. Seine Anfänge gehen auf das Jahr 1897 zurück, als die Brüder John und Horace Dodge ihre eigene Firma gründeten – die Dodge Brothers Bicycle & Machine Factory, in der Fahrräder und Maschinenteile hergestellt wurden. Ein sehr wichtiges Ereignis für die Marke war die Einführung von Autos mit dem V8-HEMI-Motor in den 1950er Jahren. Dank ihm erzielte die Marke zahlreiche Erfolge bei Rennen der NASCAR-Klasse. 1966 präsentierten sie den Charger – heute gilt er als eine der Ikonen der Marke. Damit begann die Ära der sogenannten „Muscle Cars".

Ferrari

Ferrari ist ein italienischer Hersteller von Luxussportwagen. Der Hauptsitz befindet sich in der Stadt Maranello. Das Unternehmen wurde 1946 von dem legendären Rennfahrer Enzo Ferrari aus Modena gegründet. Das Ferrari-Logo enthält ein schwarzes Ross, das sich auf das Emblem des Flugzeugs von Francesco Baracca, einem Piloten aus dem Ersten Weltkrieg, bezieht. Der Hersteller war im Motorsport sehr erfolgreich, darunter in der prestigeträchtigsten Serie - der Formel 1. Ferrari-Fahrzeuge setzten Trends im Segment der Supersportwagen. Sie konkurrieren auf dem Markt mit Marken wie Lamborghini, Porsche, Aston Martin und Maserati.

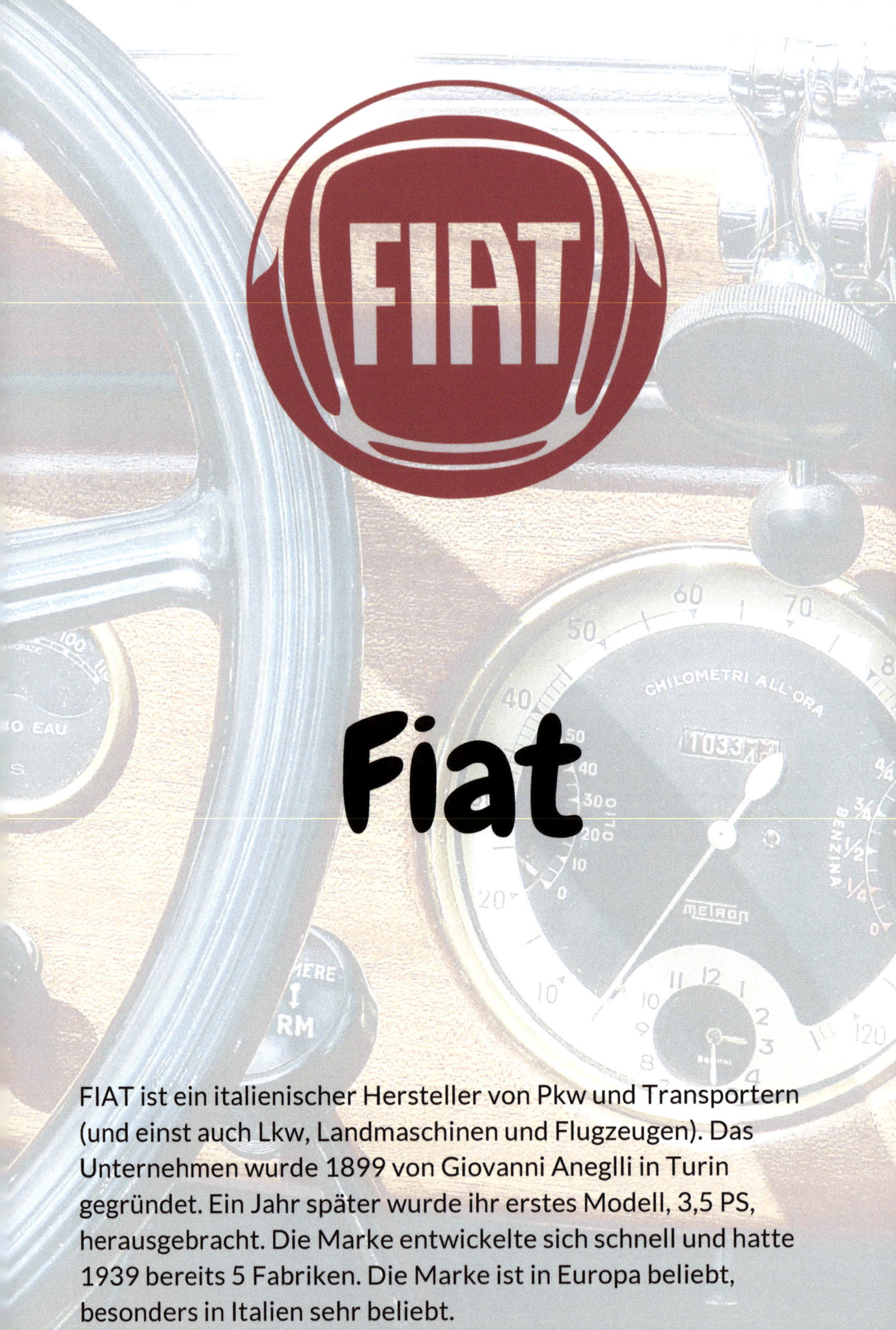

Fiat

FIAT ist ein italienischer Hersteller von Pkw und Transportern (und einst auch Lkw, Landmaschinen und Flugzeugen). Das Unternehmen wurde 1899 von Giovanni Aneglli in Turin gegründet. Ein Jahr später wurde ihr erstes Modell, 3,5 PS, herausgebracht. Die Marke entwickelte sich schnell und hatte 1939 bereits 5 Fabriken. Die Marke ist in Europa beliebt, besonders in Italien sehr beliebt.

Ford

Ford ist ein amerikanisches Unternehmen, das Pkw, Transporter und Lkw herstellt. Es wurde 1903 in Detroit von einer der wichtigsten Personen in der Geschichte der Motorisierung – Henry Ford – gegründet. Einen Monat nach der Gründung wird das erste Auto gebaut - das A-Modell, aber das T-Modell von 1908 war ein echter Renner. Über 15 Millionen Exemplare wurden 19 Jahre lang produziert, weshalb Ford 1913 als erster weltweit die Massenproduktion einführte, dank der alle 10 Sekunden ein neues Auto vom Band lief. 1964 schufen die Amerikaner eines der bekanntesten Autos der Welt - den Mustang. Von ihm stammt der Begriff „Pony Car", ein Auto mit kompakter Karosserie, sportlichem Design und starkem Motor.

GMC

GMC ist ein amerikanisches Unternehmen, das Sport Utility Vehicles, SUVs und Trucks herstellt. Die Ursprünge der Marke gehen auf das Jahr 1902 zurück, als Maks Grabowski, einer der ersten Lkw-Hersteller, die Rapid Motor Vehicle Company gründete. Während des Krieges war ihr CCKW-Modell (mit einer Tragfähigkeit von bis zu 2,5 Tonnen!) einer der Basislastwagen der amerikanischen Armee. GMC ist eine Marke, deren Hauptmarkt die USA sind.

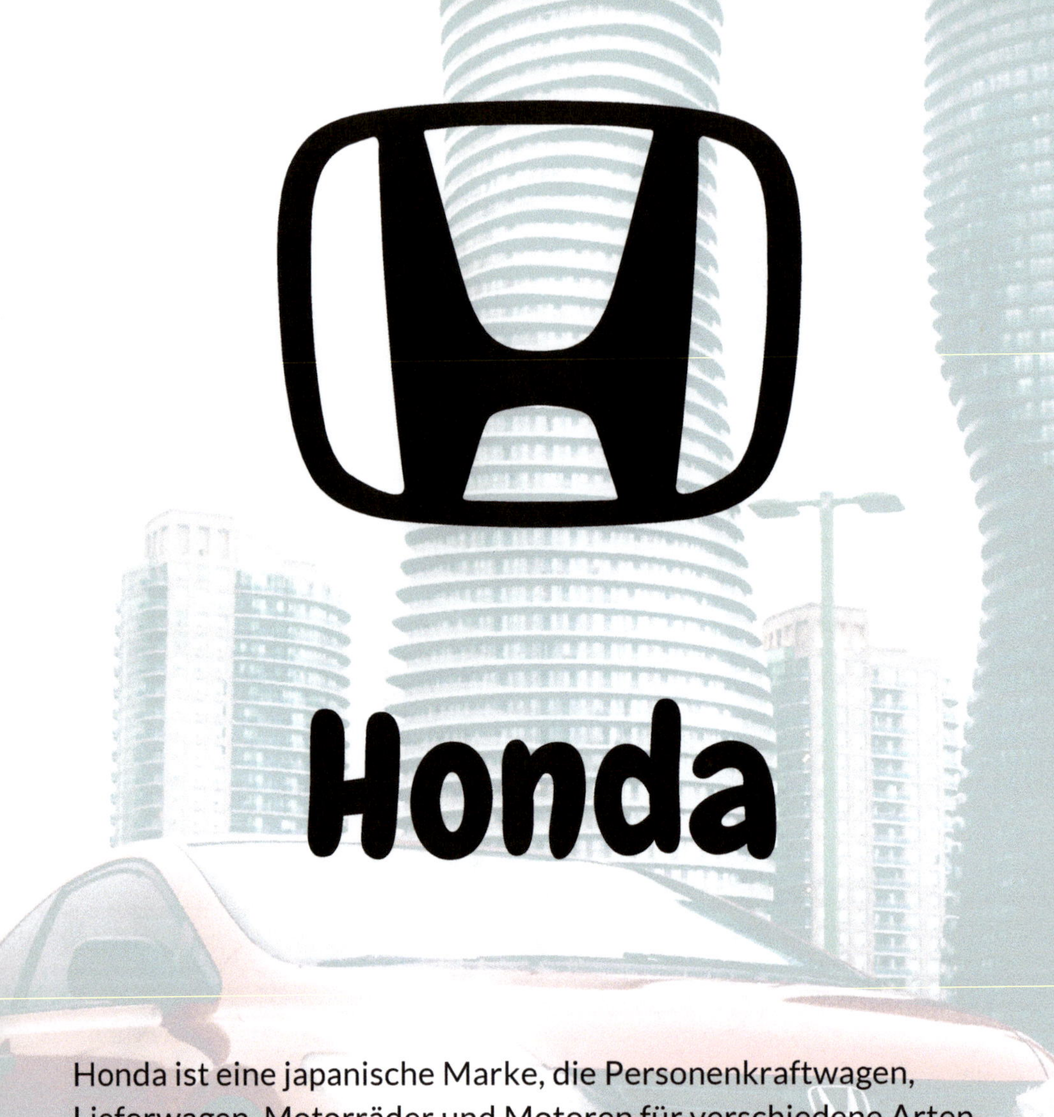

Honda ist eine japanische Marke, die Personenkraftwagen, Lieferwagen, Motorräder und Motoren für verschiedene Arten von Bau- und Landmaschinen herstellt. Es wurde 1948 auf Initiative von Soichiro Honda in Tokio gegründet. Das erste Fahrzeug der Marke war ein Fahrrad, das von einem 50-cm³-Motor angetrieben wurde. Das nächste Motorrad wurde ein Jahr später auf den Markt gebracht. Es begann erst 1953 mit der Produktion von Honda-Autos - der erste war der T360. 1971 wurde die Honda Gold Wing vorgestellt – das erste Motorrad mit Rückwärtsgang. Ein Jahr später beschlossen die Japaner, das erste in Serie produzierte Kompaktauto auf den Markt zu bringen – den Civic. Es erzielte einen großen Markterfolg und bis heute wurden 9 Generationen dieses Autos hergestellt.

Hyundai

Hyundai ist ein südkoreanischer Automobilkonzern. Seine Ursprünge gehen auf das Jahr 1947 zurück, als Chung Ju-Yung Hyundai Engineering and Construction (damals das größte Bauunternehmen) gründete. Erst 20 Jahre später wurde die Hyundai Motor Company gegründet, um Autos zu produzieren. Der Name bedeutet Modernität in der Muttersprache (Hyeondae), und das Logo symbolisiert einen Händedruck zweier Personen. Das erste Auto wurde ein Jahr später gebaut. Es hieß Cotina und basierte auf dem Ford-Modell Cortina. Der Pony war ihr erstes selbst konstruiertes Fahrzeug (1974), aber die Zusammenarbeit mit Ford dauerte bis 1985. Das Unternehmen entwickelt und modernisiert seine Fahrzeugpalette ständig und konzentriert sich hauptsächlich auf deren störungsfreien Betrieb. In vielen Fällen übertrifft es damit seine Konkurrenten aus Europa oder den USA.

Infiniti

Japanische Marke von Luxusautos im Besitz von Nissan. Seine Geschichte beginnt 1985, als die Idee geboren wurde, eine Luxusmarke von Grund auf neu zu gründen. Der Name wurde 2 Jahre später gewählt, er bedeutet "Unendlichkeit". Tatsächlich war die Gründung der Marke Nissans Antwort auf den Acura (Luxus-Honda). Das erste Infiniti-Auto kam 1989 auf den Markt, genau wie das erste Lexus-Modell - eine exklusive Version von Toyota. Anfangs verkauften die Japaner ihre Autos nur auf dem nordamerikanischen Markt.

Q50

Jaguar

Jaguar – Britische Marke für Luxus-Personenwagen, gegründet 1922 von Sir William Lyons, hieß aber ursprünglich Swallow Sidecar Company und verkaufte Motorrad-Beiwagen. Das erste Auto, die zweitürige SS1-Limousine, kam 1932 auf den Markt. In den 1950er Jahren begann die Marke, an Autorennen teilzunehmen, darunter das 24-Stunden-Rennen von Le Mans. Ein Jahr nach der Präsentation des typischen Sportwagens, des XK120C, holte Jaguar seinen ersten Sieg in Le Mans, und die Zusammenarbeit mit Dunlop führte zur Entwicklung von Scheibenbremsen, die sich als perfektes Rezept für weitere Siege herausstellten. Außerdem triumphierte die Marke in Frankreich noch 5 mal.

Jeep

Jeep

Amerikanische Marke für Geländewagen, die seit 1941 von der Firma Willys hergestellt wird. Am Anfang produzierten sie ihre Fahrzeuge für die Armee, und nach dem Krieg begannen sie mit dem Verkauf von Zivilautos. Der Prototyp - Willys Quad wurde in nur ... 49 Tagen gebaut! Bis heute ist es eines der beliebtesten Fahrzeuge des Zweiten Weltkriegs. 1950 reservierte die Firma Willys den Namen des Jeeps, aber das erste zivile Modell erschien 1945 - der CJ2A. Es gibt viele Geschichten über die Herkunft dieses Namens, eine davon ist, dass er von Eugene the Jeep stammt, eine Figur aus dem „Popeye"-Zeichentrickfilm, die für ihre außergewöhnlichen Fähigkeiten und Fähigkeiten bekannt ist. 1962 führte der amerikanische Hersteller das erste Automatikgetriebe in einem 4x4-Fahrzeug ein. Es war auch das erste 4x4-Modell mit unabhängiger Vorderradaufhängung, aber am beliebtesten waren der Wrangler und der Grand Cherokee.

Koreas ältestes Automobilunternehmen produziert Personenkraftwagen und Transporter. Es begann seine Tätigkeit im Jahr 1944, firmierte dann aber unter dem Namen Kyungsung Precision Industries und war an der Herstellung von Fahrradteilen beteiligt. Vor der Veröffentlichung ihres ersten Nutzfahrzeugs im Jahr 1962, der K-360, stellten die Koreaner auch Motorräder her. Seit den 1970er Jahren wurden viele Kii-Modelle in Lizenz von Mazda gebaut. 1997 stand das Unternehmen kurz vor dem Bankrott. Damals kam Hyundai zur Rettung, kaufte zwei Jahre später Kia-Aktien und gründete das Hyundai-Unternehmen - die Kia Automotive Group. Derzeit entwickelt sich die Marke dynamisch und wird zu einem potenziellen Konkurrenten für renommierte westeuropäische Marken.

Lamborghini

Lamborghini - eine italienische Marke, die Luxussportwagen sowie landwirtschaftliche Traktoren herstellt. Das Unternehmen hat seinen Hauptsitz in Sant'Agata Bolognese, in der Nähe von Bologna. Das Unternehmen wurde 1948 von Ferruccio Lamborghini gegründet, der zunächst mit der Traktorenproduktion ein Vermögen machte. Es ist seit langem bekannt, dass der größte Rivale von Lamborghini eine andere italienische Marke ist – Ferrari. Die Idee, einen Supersportwagen zu bauen, entstand nach Ferruccis Streit mit Enzo Ferrari. Lamborghini fuhr als wohlhabender Mensch ein Auto mit einem schwarzen Ross auf der Motorhaube. Allerdings war er nicht ganz glücklich mit ihm, und als er Enzo einige Änderungen vorschlug, lachte er ihn aus. Also 1963 ein Lamborghini 350 GTV mit V12-Motor entstand, der die Autos aus Modena überflügelte. 3 Jahre später wurde Miura gegründet, was die Marke auf der ganzen Welt berühmt machte. Sie war bösartig und schwierig zu fahren, aber sie faszinierte mit ihrer Eleganz und ihren subtilen Linien.

Lancia

Lancia - eine italienische Marke von Personenkraftwagen, die 1906 in Turin von Vincenzo Lancia und Claudio Fogolina gegründet wurde. Das erste Lancia-Modell war der Alpha. Lancia war von Anfang an mit modernen Lösungen überrascht - Theta (1913) war das erste Auto, in dem ein elektrisches Gerät auftauchte. Das 1922 entwickelte Modell Lambda war der erste große Markterfolg von Lancia. Unter den innovativen Lösungen, die erschienen, andere selbsttragende Karosserien und unabhängige Vorderradaufhängung. Der Astura (1931) hatte eine Motoraufhängung, die die Übertragung von Vibrationen auf das Auto reduzierte, und der Augusta von 1933 war die erste Limousine mit hydraulischen Bremsen. Lancia-Modelle waren von Anfang an für ihre Eleganz und ihre sinnlichen Linien bekannt. Automobilfans werden sich vor allem an Modelle wie Stratos, 037 oder Delta erinnern, denen die Marke zahlreiche Erfolge im Motorsport verdankt und bis heute das erfolgreichste Team in der Geschichte der WRC ist.

Land Rover

Land Rover ist eine britische Marke für Geländewagen, die 1948 gegründet wurde. Ursprünglich wurden ihre Modelle von Rover produziert, aber 1975 wurde Land Rover eine unabhängige Marke. Das erste Modell war die Serie I, die in 70 Länder exportiert wurde. Es sollte in der Landwirtschaft und Leichtindustrie eingesetzt werden, aber auch das Militär nutzte es. 10 Jahre später erschien die zweite Generation dieses Modells und 1985 wurde eine dritte hergestellt. Sein Nachfolger wurde der weltberühmte Defender. Der erste Range Rover wurde 1970 geboren. Er war besser ausgestattet und hatte einen 3,5-Liter-V8-Motor, mit dem er auf 160 km/h (100 mph) beschleunigen konnte. Die bekanntesten Modelle sind heute neben dem Defender der Discovery (Premiere 1988) und der Freelander.

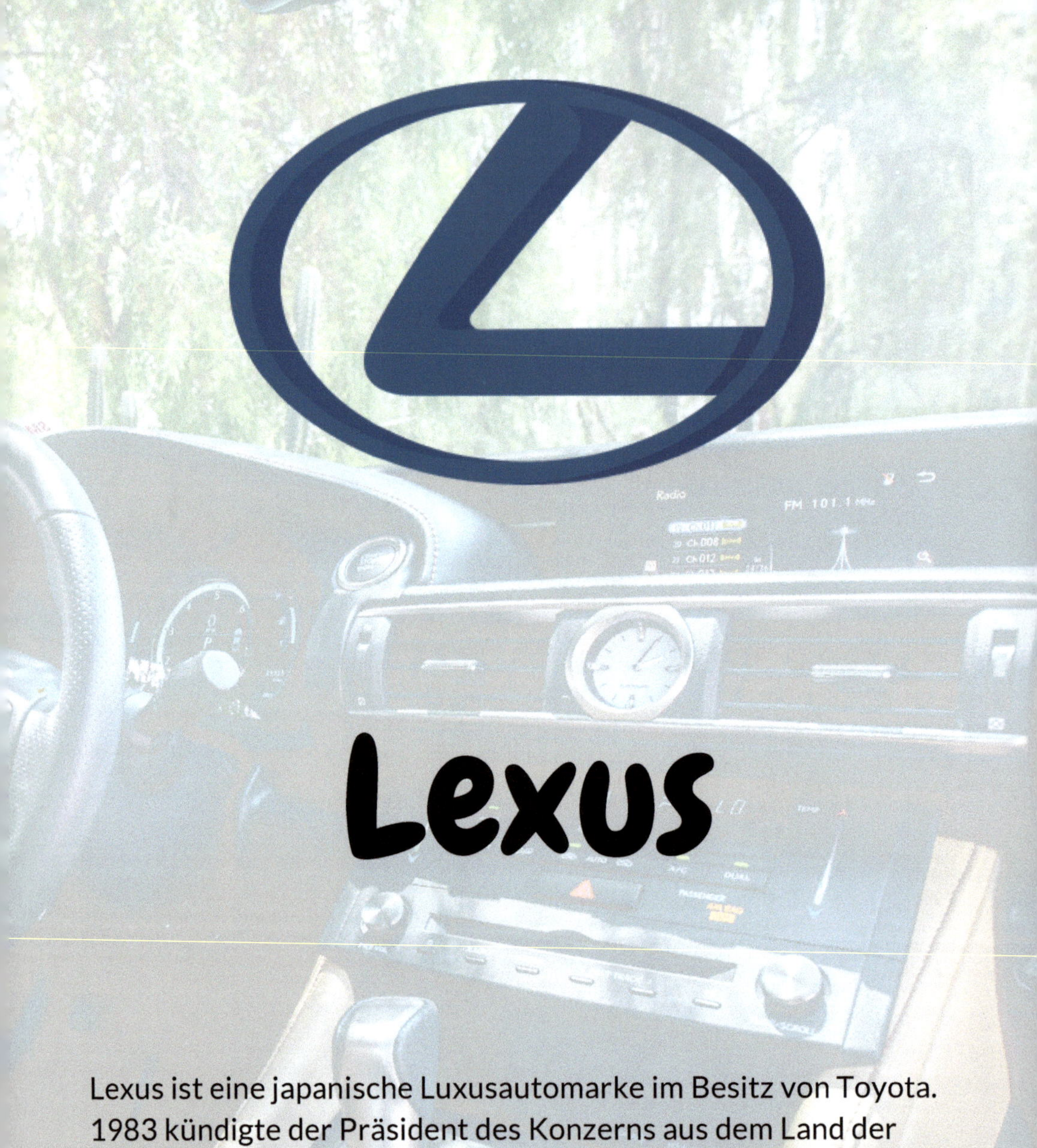

Lexus ist eine japanische Luxusautomarke im Besitz von Toyota. 1983 kündigte der Präsident des Konzerns aus dem Land der aufgehenden Sonne einen Plan an, eine exklusive Autolinie zu schaffen, die mit Limousinen aus Westeuropa konkurrieren könnte. Der Markenname soll mit Luxus und Eleganz assoziiert werden. Der erste Sportwagen von Lexus, das SC-Modell mit einem 4,0-Liter-V8-Motor, wurde zwei Jahre später auf den Markt gebracht, gefolgt vom Sport Utility Vehicle LX auf Basis des Toyota Land Cruiser im Jahr 1996. Im Jahr 2006 installierte das Unternehmen als erstes Unternehmen automatisches Parken in seinem Flaggschiff LS-Modell.

LEXUS

Lincoln

Lincoln ist eine amerikanische Marke, die Luxus-Personenwagen herstellt. Es wurde 1917 von Henry Leland zu Ehren von Präsident Abraham Lincoln gegründet. 1922 wurde Lincoln von Ford übernommen und ist immer noch die luxuriöseste Marke der Ford-Gruppe und der größte Konkurrent von GMs Cadillac. 1939 wurde das legendäre Continental-Modell geschaffen, das bis zu 9 Generationen hatte! Der Continental ersetzte 2002 das Modell Town Car. Das erste SUV dieser Marke, derzeit eines der bekanntesten Lincoln-Modelle, das Modell Navigator, wurde 1998 vorgestellt, seine dritte Generation wird seit 2007 produziert.

Lotus

Lotus ist ein britisches Automobilunternehmen, das Sport- und Rennwagen herstellt. Es wurde 1952 von Colin Chapman, einem der renommiertesten Sportwagendesigner der Geschichte, gegründet. Bekannt wurde die Marke durch die Teilnahme an Formel-1-Rennen. Lotus trat 60 Jahre lang ununterbrochen in ihnen an, ab 1954, und gewann sieben Mal die Weltmeisterschaft. Britische Autos zeichnen sich durch einfache Verarbeitung, tolles Handling und geringes Gewicht aus. Die bekanntesten Modelle der Marke sind Esprit (1976-2004; bekannt unter anderem aus dem James-Bond-Film), Elise – produziert seit 1995, Exige – eine stärkere Version von Elise, und Evora, die 2008 auf den Markt kam.

Maserati

Maserati - ein italienisches Unternehmen, das Sport- und Rennwagen herstellt. Die Ursprünge der Marke gehen auf das Jahr 1914 zurück, als einer der sechs Brüder der Maserati-Familie, Alfieri, seine Werkstatt in Bologna, Officine Alfieri Maserati, gründete. Bald schlossen sich ihm die anderen Brüder an, bis auf einen – Mario, der Künstler wurde und dem zugeschrieben wird, das Logo der Marke entworfen zu haben. Er ließ sich vom Neptunbrunnen in seiner Heimatstadt inspirieren. 1958 wurde das erste Straßenmodell von Maserati produziert – der 3500 GT, und 1963 das erste viertürige Modell – der Quattroporte. Die beliebtesten Modelle der Marke sind unter anderem Quattroporte mit sechs Generationen und GranTurismo.

Mazda

Mazda ist eine japanische Marke, die hauptsächlich Personenkraftwagen herstellt. Das Unternehmen geht auf das kleine Unternehmen Toyo Kogyo Co. zurück, das 1920 von Jyujiro Matsuda gegründet wurde. In den 1960er Jahren begann Mazda mit dem Experimentieren mit einem Wankelmotor, bei dem sich ein Kolben in einem Zylinder drehte. So entstand 1967 ihr erstes Modell mit dem gleichen Motorrad – die 110S Cosmo. 1978 debütierte das Modell RX-7, das ein großer Erfolg war und die 3. Generation erreichte. Letzteres wird besonders von Tunern aus Japan und den USA favorisiert. Sein Motor mit nur 1,3 Liter Hubraum leistet mit Hilfe von 2 Turboladern bis zu 280 PS in Serie! Mazda erlebte einen seiner größten Erfolge, als es 1989 der Welt den MX-5 vorstellte, einen kleinen zweisitzigen Roadster. Dank seines geringen Gewichts, der guten Balance und der relativ geringen Leistung bereitete es große Freude beim Fahren.

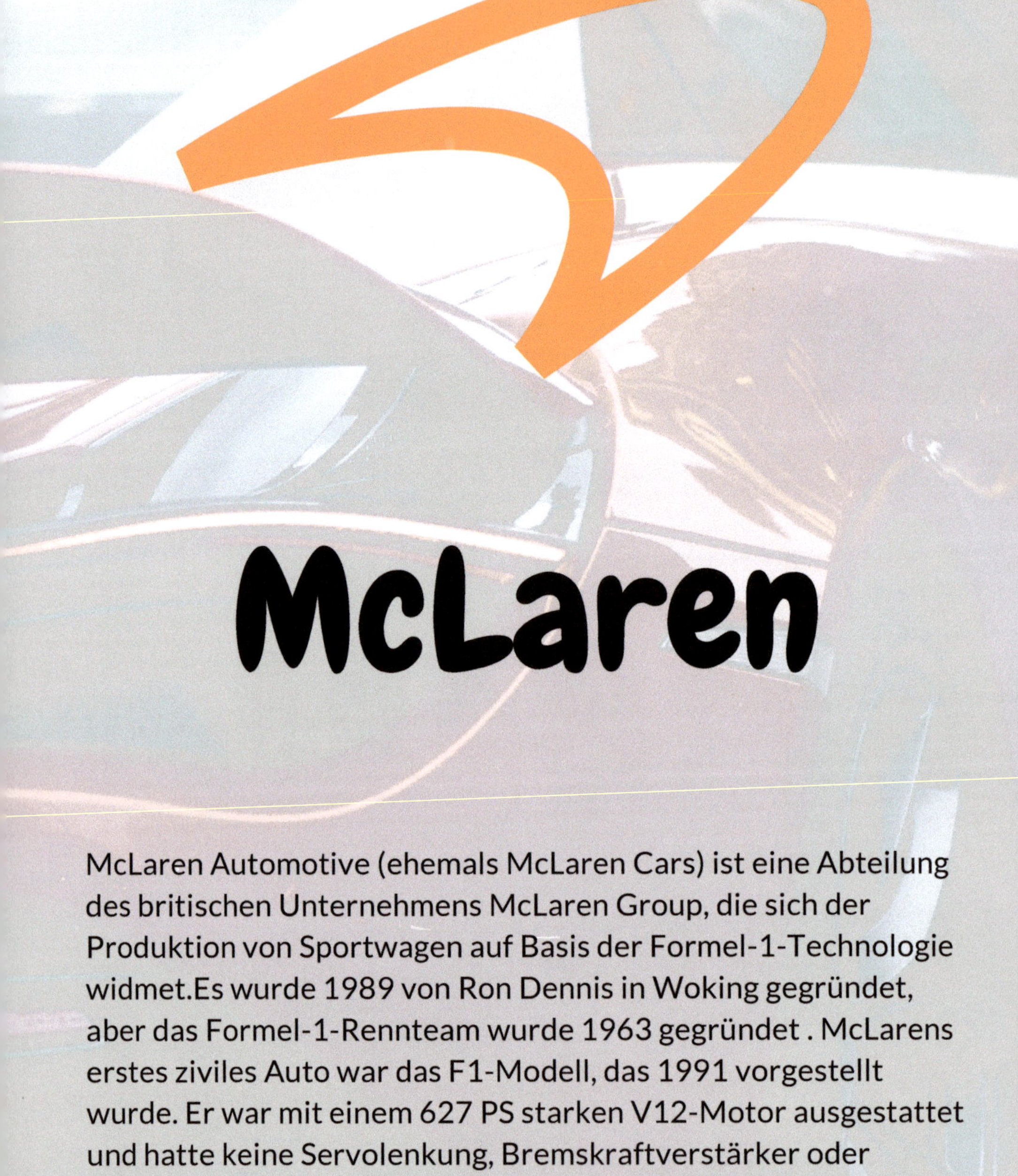

McLaren

McLaren Automotive (ehemals McLaren Cars) ist eine Abteilung des britischen Unternehmens McLaren Group, die sich der Produktion von Sportwagen auf Basis der Formel-1-Technologie widmet.Es wurde 1989 von Ron Dennis in Woking gegründet, aber das Formel-1-Rennteam wurde 1963 gegründet . McLarens erstes ziviles Auto war das F1-Modell, das 1991 vorgestellt wurde. Er war mit einem 627 PS starken V12-Motor ausgestattet und hatte keine Servolenkung, Bremskraftverstärker oder Traktionskontrolle. Es geht darum, so wenig Gewicht wie möglich zu bekommen. Es dauerte etwa 3 Sekunden, um 100 km/h zu erreichen, und 2005 gewann es den Titel des schnellsten Serienautos – es erreichte 386 km/h (239 mph). Die Marke konkurriert mit Ferrari, Porsche und Lamborghini.

WCL · F1
McLa

Mercedes-Benz

Deutsche Automarke des Konzerns Daimler AG. Unter dem dreizackigen Stern werden Pkw, Transporter, Lkw und Busse produziert. Die Anfänge gehen auf das Jahr 1883 zurück, als Karl Benz, Max Rose und Fredrich W. Esslinger die Benz & Co. gründeten. Der Name Mercedes leitet sich vom Namen Mercedes Jellinek ab, Tochter von Emil Jellink, Vertreter von Daimler. Durch die Veränderungen in der deutschen Wirtschaft trafen sich die Wege der Firmen Benz und Daimler und 1926 wurde die Firma Daimler-Benz offiziell gegründet. Mercedes zeichnet sich vor allem durch Qualität, Innovation und Sicherheit aus und gilt deshalb als einer von ihnen die renommiertesten Marken der Welt. Auch in vielen Rennklassen hat die Marke zahlreiche Erfolge erzielt, u.a. inklusive Formel 1.

S 0632

Mitsubishi

Mitsubishi ist ein japanisches Unternehmen, das 1870 von Yataro Iwasaki gegründet wurde. in der Luftfahrtindustrie, Verteidigungsindustrie und was uns am meisten interessiert - Automotive. Der Name bedeutet auf Japanisch „3 Diamanten" und spiegelt dies in seinem Logo wider. Besonders beliebt bei Automobilfans ist die sportliche Version des Lancers Evolution, die seit Jahren mit einer anderen Legende, dem Subaru Impreza, in der Rallye-Weltmeisterschaft antritt. Der beliebte „EVO" hingegen kam erst 1992 auf den Markt, erlebte seine 10. Generation und endete 2015.

Nissan

Ein japanischer Hersteller von Pkw, Lkw und Bussen der Nissan Motor Co. Die Ursprünge der Marke gehen auf das Jahr 1911 zurück, als Masujiro Hashimoto die Firma Kwaishinsha in Tokio gründete. Erst 1934 änderte das Unternehmen seinen Namen in Nissan. Nach dem Krieg geriet das Unternehmen in eine Krise, aus der der Konzern in Kooperation mit British Austin hervorging. Bald darauf wurde Nissan zum zweitgrößten Automobilhersteller in Japan. 1989 brachte Nissan seine Luxusmarke für den US-Markt auf den Markt - Infiniti. Seit 1999 kooperieren die Japaner mit dem französischen Renault. Die beliebtesten Nissan-Modelle sind der Micra, Qashqai, Skyline (besonders beliebt bei Tunern und Driftern) und sein Nachfolger – der GT-R.

Opel

Opel ist eine der beliebtesten deutschen Automobilmarken. Das Unternehmen wurde 1862 von Adam Opel in Rüsselheim gegründet. Zunächst beschäftigte man sich mit der Produktion von Nähmaschinen, später auch von Fahrrädern. Nach dem Tod des Gründers im Jahr 1895 wurde das Unternehmen von seiner Frau und seinen fünf Söhnen übernommen. Nach 4 Jahren wurde der erste Opel-Patent-MotorWagen auf einem Fahrgestell von Friedrich Lutzmann produziert. Das erste Opel-Modell seiner Konstruktion wurde 1902 hergestellt - das 10 / 12 PS-Modell. 1989 führte Opel als erster Hersteller in Europa serienmäßig einen Katalysator ein. Die beliebtesten Modelle der deutschen Marke waren unter anderem Kadett, Corsa, Vectra und Omega. In Großbritannien werden Opel-Modelle unter dem Namen Vauxhall und in Australien unter dem Namen Holden verkauft.

Peugeot

Ein französisches Unternehmen, das Autos, Roller und Fahrräder herstellt, und in der Vergangenheit auch Lastwagen und Motorräder. Es wurde von Jean Pierre Peugeot in Sochaux gegründet. 1889 erschien das erste Auto, der Serpollet-Peugeot, mit Dampfmaschine, aber erst der 1891 eingeführte Verbrennungsmotor von Daimler erwies sich als richtiger Schritt. 1929 begann das Modell 201 mit einer Reihe dreistelliger Bezeichnungen mit einer Null in der Mitte. Die erste Zahl gibt die Klasse an und die letzte Zahl die nächste Serie. 1948 erschien das erste Nachkriegsmodell Peugeot 203, das bis 1960 produziert wurde. 1959 wurde erstmals ein Kühlgebläse eingesetzt, um Autos auf drohende Staus vorzubereiten.

Porsche

Deutscher Sportwagenhersteller mit Sitz in Stuttgart. Gründer des Unternehmens war 1931 Ferdinand Porsche, ein Ingenieur, der zuvor Erfahrungen bei Daimler gesammelt hatte. Das erste nach ihm benannte Fahrzeug entstand bereits 1938, das erste Serienauto mit dem Porsche-Logo entstand jedoch bereits 1948 – das Modell 356. Anfangs hatte er viele Gemeinsamkeiten (einschließlich des Motors) mit dem beliebten Käfer, die jedoch mit der Zeit durch Teile aus eigener Produktion ersetzt wurden. Das beliebteste Porsche-Modell, der 911, wurde 1963 hergestellt. Er hatte einen 6-Zylinder-Boxermotor eigener Konstruktion im Heck. Das Auto entpuppte sich als Welthit und erzielte nicht nur Verkaufserfolge, sondern auch sportliche Erfolge. Der 911 war das erste Auto, das die berühmte Rallye Paris-Dakar gewann, ohne ein Geländewagen zu sein. Derzeit ist es eines der bekanntesten Autos der Marke. Mit Modellen wie 924/944, 928 und 968 versuchte man, den Erfolg des 911 nachzuahmen, aber keines davon gelang.

Renault

Französische Automobilmarke, die Autos und Lastwagen herstellt. Das Unternehmen wurde 1899 von den Brüdern Louis, Fernand und Marcel Renault gegründet. Bald wurden weitere Modelle erstellt, bereits mit Einheiten, die von den Eigentümern des Unternehmens entworfen wurden. Das erste Nachkriegsmodell war der 4CV und wurde 1961 durch das am längsten produzierte (bis zu 28 Jahre) Modell 4 ersetzt. Der Renault 16 hingegen war der Vorläufer der heutigen Familienmodelle. Es war das erste Renault-Auto, das 1966 den Titel „Auto des Jahres" gewann. Es war auch das erste Auto der Welt mit einer Schrägheck-Karosserie. Der Titel „Auto des Jahres" wurde auch von den Modellen Clio (1991 und 2006) und Scenic (1996) gewonnen. Sicherheitsgurte sind seit 1970 bei allen Modellen serienmäßig eingebaut.

Rolls-Royce

Englischer Hersteller von Luxuslimousinen. Die Idee einer Zusammenarbeit zwischen Charles Rolls und Henry Royce entstand 1904 beim Mittagessen. Von Anfang an war die Marke auch an der Produktion von Flugzeugmotoren beteiligt, was 1973 zur Teilung der Marke in zwei Zweige beitrug. 1906 wurde das Modell Silver Ghost entworfen. Er war mit einem 7-Liter-Sechszylinder-Bodenventilmotor mit einer Leistung von weniger als 50 PS ausgestattet. Ein charakteristisches Merkmal der englischen Marke ist eine Statuette auf der Motorhaube - Spirit of Ecstasy, die für Reichtum und höchste Qualität steht. Bei den neuesten Modellen ist es aus Sicherheitsgründen durch einen speziellen Knopf unter der Klappe verborgen. Heute gilt Rolls-Royce als eine der exklusivsten und luxuriösesten Marken der Welt.

R · RR 446

Seat ist eine spanische Marke für Personenkraftwagen. Es wurde 1950 vom National Institute of Industry, einer Bankorganisation, und dem Fiat-Konzern gegründet. Es waren die italienischen Autos, die als Vorbild für die ersten Seat-Modelle dienten. Das erste Modell war 1400 und seine Produktion begann 1953 in Barcelona. 1980 verkaufte Fiat seine Anteile an das National Institute of Industry und machte Seat zum ersten unabhängigen Autohersteller Spaniens. Damals wurde die Modellpalette stark modernisiert und es erschienen Modelle wie Ibiza, Marbella und Malaga. 1986 kaufte Volkswagen 51 % der Seat-Aktien. In den 1990er Jahren stiegen sie auf 99 %, als die ersten Modelle auftauchten, bei denen sich deutsche Technik unter der von Giugiaro entworfenen Karosserie verbarg.

Skoda

Skoda ist ein tschechischer Automobilhersteller. Die Anfänge der Marke gehen auf das Jahr 1895 zurück, als der Mechaniker Vaclav Laurin und der Buchhalter Vaclav Klement die Firma Laurin & Klement gründeten, die Fahrräder und ab 1898 auch Motorräder herstellte. 1901 bauten sie ihren ersten Prototypen, und die Serienproduktion dauerte 27 Jahre. 1964 brachte Škoda ein Familienauto auf den Markt - das Modell 1000 MB. Sein Motor wurde hinten platziert – hier nutzte man die Erfahrung solcher Autos wie Fiat 600 oder Porsche 356. Die Zusammenarbeit mit Volkswagen begann 1991, als Škoda in den Konzern der deutschen Marke eintrat. Das erste Modell der tschechischen Marke mit deutscher Technologie war 1994 Felicia.

Subaru

Subaru ist eine japanische Marke für Pkw und Lieferwagen. Die Geschichte des Unternehmens beginnt 1953, als nach dem Krieg 6 Konzerne zu einem Unternehmen namens Fuji Heavy Industries vereint wurden, symbolisiert durch 6 Sterne im Firmenlogo. 1954 hieß der erste Prototyp P-1 und ein Jahr später hieß das Modell 1500. 1992 wurde der berühmte Impreza vorgestellt. Colin McRae hinter dem Steuer hat wiederholt den Weltmeistertitel bei Rallyes gewonnen, und so ist der Subaru Impreza zu einem untrennbaren Bestandteil von Rallyes geworden. Dank ihnen gewann das Modell auf der ganzen Welt an Popularität.

Suzuki

Japanische Marke für Pkw, Lkw, Motorräder und Motoren.
Das Unternehmen wurde 1909 gegründet, als Michio Suzuki in der
Küstenstadt Hamamatsu eine Fabrik für Webmaschinen gründete.
Nach fast 30 Jahren erkannte Michio, dass sich sein Unternehmen
auch in anderen Bereichen weiterentwickeln musste, also begann
er 1937 mit der Konstruktion des Autos und nach 2 Jahren hatte
er einige Prototypen. 1970 ist ein wichtiges Jahr für die Marke.
Dann feierte die erste Generation des weltweit erfolgreichen
Offroad-Modells Jimmy Premiere. 1983 startet der Verkauf des
am Markt sehr erfolgreichen Einliter-Personenwagens Swift.
Auch der SX4 und Vitara sind beliebte Modelle.

SUZUKI
WB·6744U

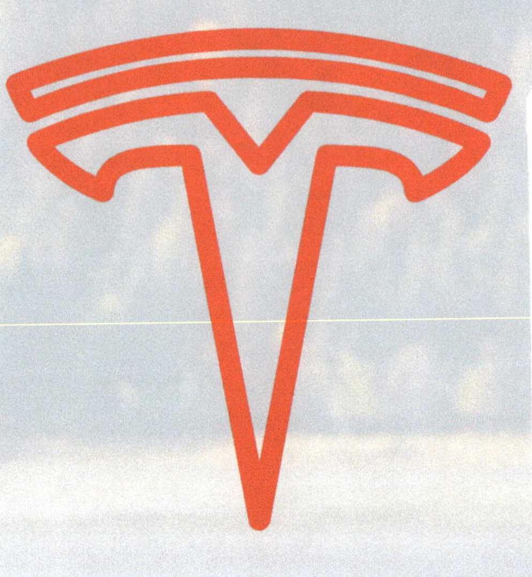

Tesla

Amerikanische Marke für Luxus- und Sport-Elektroautos.
Der Name des Unternehmens stammt von Nikola Tesla, einem
serbischen Ingenieur und Erfinder vieler Elektrogeräte.
Das Unternehmen wurde 2003 von Elon Musk gegründet.
Die Arbeit am ersten Modell, dem Roadster, dauerte 5 Jahre.
Im Jahr 2008 wurde es in Produktion genommen. Seine Leistung
konkurrierte mit vielen benzinbetriebenen Sportwagen.
Ein Jahr später wurde ein Fahrzeug mit Liftback-Karosserie
vorgestellt. Mit einer Ladung sollte es eine Strecke von 300
Meilen zurücklegen können und gleichzeitig sportliche Leistung
bringen. Seine Produktion startete 2012 und das Fahrzeug hieß
Model S. Das Unternehmen gewinnt durch die Elektrifizierung
der Automobilindustrie immer mehr an Popularität.

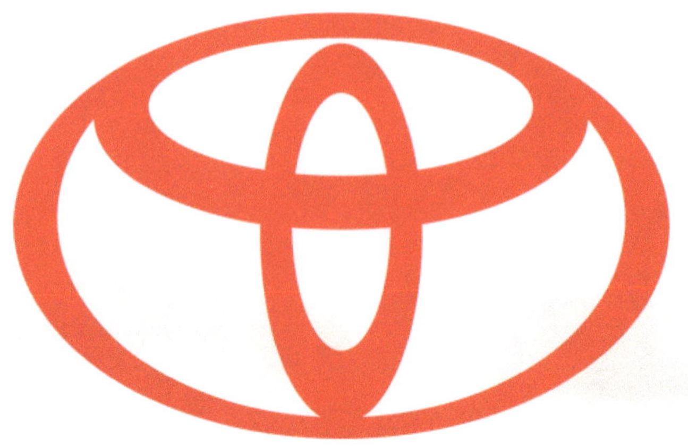

Toyota

Die 1918 von Sakichi Toyota gegründete japanische Automobilmarke und sein Unternehmen waren zunächst in der Bekleidungsindustrie tätig. Die Automobilabteilung wurde 1933 gegründet und der erste Prototyp wurde zwei Jahre später hergestellt. Die Produktion des ersten Modells - AA - begann 1936. 1966 wurde die erste Generation eines der beliebtesten Modelle der Marke - Corolla - geschaffen. 2013 wurde die 11. Generation dieses Modells vorgestellt. 1992 entstand die vierte Generation des sportlichen Supra-Moduls, das besonders bei Tunern Anklang fand. Im Jahr 2014 brachte Toyota den Mirai auf den Markt, das erste Serienauto mit Wasserstoff-Brennstoffzellen in Japan. 2015 erschien es auch in einigen europäischen Ländern. Toyota ist einer der größten Automobilkonzerne der Welt. Darüber hinaus besitzt es auch die Marken Lexus und Daihatsu.

Volkswagen

Die deutsche Marke für Pkw und Transporter gehört zum Konzern Volkswagenwerk Aktien-Gesellschaft (VAG). Seine Geschichte beginnt 1931, als die Firma Zündapp Ferdinand Porsche bat, ein billiges Auto zu bauen. 1934 präsentierte Ferdinand im Auftrag von Adolf Hitler den ersten Entwurf des legendären Käfers. Es sollte ein billiges Familienauto werden, und Hitler taufte es auf den Namen "Volkswagen". Bis 2003, als die Produktion offiziell eingestellt wurde, wurden insgesamt über 21,5 Millionen Exemplare hergestellt. 1973 wurde ein weiteres sehr beliebtes Modell vorgestellt - der Passat. Direkt nach ihm debütierte Golf. Er sollte den Erfolg des Käfers wiederholen, und das tat er auch. Bis heute erfreut sich das Modell großer Beliebtheit, die GTI-Version entstand 1982 und gilt als eine der ersten heißen Luken. Zum Volkswagen-Konzern gehören Marken wie Audi, Skoda, Seat, Porsche, Lamborghini, Bugatti und Bentley.

Volvo

Schwedische Marke für Autos, Lastwagen, Baumaschinen und Motoren. Der Firmenname bedeutet auf Schwedisch „umdrehen". Ihr erstes Auto war der ÖV4, der 1927 in Produktion ging. Die Gründer wollten, dass ihre Fahrzeuge qualitativ hochwertig und technisch fortschrittlich sind. 1966 wurde das Modell 144 geschaffen, das als das technologisch fortschrittlichste Auto der Welt galt. Das Auto hatte Knautschzonen, Scheibenbremsen an allen Rädern und Sicherheitsgurte erschienen auf dem Rücksitz. 1999 wurde die Hälfte der Rechte an Volvo von Ford übernommen, und nach 11 Jahren wurde das chinesische Geely der neue Eigentümer der Volvo Car Corporation. Die derzeit produzierten Modelle haben einen Buchstaben vor der Nummer, der den Karosserietyp angibt: C - Cabriolet oder Coupé; S - Limousine; V - Kombi; XC - Offroad-Modell.

auch prüfen:

und vieles mehr!

f /conradpublishing

9 788367 600071